Questo libro appartiene a

____

www.christinalouisebooks.com

Autore: Christina Louise

Illustrazioni: Anastasia Fedorenko

Titulo originale: Sam the Shy Bear Learns to Say Hello

GREEN PARK PRESS

ISBN/EAN: 978-90-831003-8-8

La timidezza di Sam

Christina Louise

Sam era un orsacchiotto felice. Viveva con la sua mamma
Orsa e il suo papà Orso. La mattina si alzava, faceva
ogni giorno colazione, pranzo e cena ed ogni
sera andava a letto sereno. Si può dire che
Sam fosse un normale orsetto felice!

Ma Sam aveva un grande problema: era molto, molto
timido! Era così timido che non osava parlare con
nessuno tranne i suoi genitori e, naturalmente,
tranne il suo gatto Tigre.

A causa della sua timidezza, una cosa che Sam
trovava molto difficile da fare era dire "ciao" e
"arrivederci". Si sentiva così impacciato
quando doveva salutare qualcuno che finiva
sempre per fare cose molto sciocche.

Un giorno mamma Orsa portò Sam con sé al supermercato. Mentre
sceglievano della deliziosa frutta, incontrarono la signora Paddy. La signora
Paddy era una vecchia amica della mamma di Sam, erano state compagne di
classe a scuola quando erano bambine, tanto tempo fa. Le due signore
chiacchierarono per un po', poi mamma Orsa si girò guardando Sam
e disse: "Ed ecco mio figlio Sam".
"Ciao, Sam, che piacere vederti".

La signora Paddy allungò la mano verso Sam per salutarlo.
Ma Sam si sentì terribilmente timido.
"Bbbbbbuoooongggggiornooo", disse, mettendo entrambe le mani dietro la schiena e fissandosi le scarpe.
"Oh, va bene allora", disse la signora Paddy. Rimase un po' imbarazzata e rimise la mano sul carrello della spesa. Poi continuò a parlare con mamma Orsa ancora per un po', finché non arrivò il momento di pagare la spesa e tornare a casa.

Un'altra volta, il fratello di papà Orso, Chris, e la sua famiglia vennero in visita. Quando lo zio Chris e la zia Wyn entrarono nel soggiorno, Sam si sentì completamente raggelare, poiché sapeva che sarebbero venuti a salutarlo. Quando li sentì avvicinarsi, corse subito a nascondersi dietro mamma Orsa e mise le mani dietro la schiena. Che brutta sensazione stare lì, in imbarazzo!

Quello stesso pomeriggio, dopo un po' di tempo si sentì meno timido e si divertì molto a giocare con i suoi cugini. Gli piacquero anche la grande torta al cioccolato e la limonata che gli zii avevano portato.

Ma quando fu il momento di partire, Sam sentì tornare la sua timidezza. Quando fu il momento di salutarli, Sam si infilò sotto il tavolo da pranzo e fece finta di dormire.

Dal corridoio d'ingresso sentì la zia Wyn dire: "Oh, lasciate che il piccolo Sammy dorma. Salutalo da parte nostra e dagli un forte abbraccio quando si sveglierà".

Quando se ne andarono, Sammy sgattaiolò fuori da sotto il tavolo.

"Sam", disse mamma Orsa, "ho notato che continui ad evitare di dire
'ciao' e 'arrivederci' quando incontriamo amici e parenti.
Lo sai che evitare le persone e non salutarle è
un po' da maleducati?".
"Ma mi sento così timido.
Non so proprio cosa fare!",
ha risposto Sam.
"Capisco che può essere un
po' difficile salutare gli altri
quando ci si sente timidi.
Ma quando non dici 'ciao'
e 'arrivederci', fai sentire le
persone tristi.
Potrebbero pensare che
non ti piacciano".
"Oh, no!", disse Sam. "Ma
mi piacciono i miei cugini,
lo zio Chris e la zia Wyn".

"Esattamente", disse mamma Orsa. "Quando si sta insieme a qualcuno, si vuole essere gentili e dimostrare che ci piace la sua compagnia, giusto? Un modo per farlo è salutarli quando arrivano e quando se ne vanno. Vuoi che ti insegni come fare?".

Sam annuì. Anche se la cosa lo spaventava un po', perché era
terribilmente timido, voleva davvero imparare a dire "ciao" e "arrivederci".
"Ok, ci siamo", disse mamma Orsa. Si mise in ginocchio davanti a Sam.
"Ora mettiti qui davanti a me e guardami negli occhi".
Sam fece come gli aveva ordinato la mamma e si mise in piedi, bello alto,
a guardarla negli occhi. Mentre stavano lì a guardarsi, lui non poté fare a
meno di sorriderle.

"Bravo, Sam!", disse mamma Orsa. "Ora, mentre mi guardi, metti la tua mano davanti a me, così". Mamma Orsa allungò la mano in avanti. Sam allungò la mano verso la mamma e lei la afferrò.
"Meraviglioso! Ce l'hai fatta, Sam! Ora aspetta, non abbiamo finito. Mentre mi tieni la mano e mi guardi negli occhi, stringimi la mano e dimmi 'Ciao, mamma. È un piacere vederti. Come stai oggi?'".

Oh, ma la timidezza è tornata! Sam sentì il mal di pancia mentre iniziava a parlare.
"Ci-ciao m-ma-mamma. È b-b-bello ve-vederti", balbettò Sam nervosamente. "Co-come st-stai o-oggi?".
Mamma Orsa sorrise e rispose:
"Ciao, Sam. Anche per me è un piacere vederti. Oggi sto benissimo, grazie. E tu come stai?".

Sam cominciò a ridacchiare e a saltare su e giù.
"Ce l'ho fatta! Ce l'ho fatta!
"Certo che ce l'hai fatta! Bravo!" disse mamma Orsa.
"Ora esercitiamoci ancora una volta. Sei pronto?".

Sam ci riprovò. Guardò la sua
mamma negli occhi, allungò la
mano e la strinse mentre
sorrideva e diceva:
"Ciao, mamma, che piacere
vederti. Come stai oggi?".
E questa volta è stato
molto più facile della prima
volta.
"Sono così orgogliosa di
te", disse mamma Orsa.
"Hai capito come funziona.
Ora devi andare a fare
pratica.
Che ne dici di
provare con
papà Orso?".

"Buona idea!", disse Sam, e corse in salotto, dove papà Orso stava ancora riordinando il soggiorno dopo la visita della famiglia. Si mise davanti al papà, lo guardò negli occhi, gli tese la mano e disse:
"Ciao, papà Orso. È un piacere vederti. Come stai oggi?".
Papà Orso sembrava molto contento. Sorrise, strinse la mano a Sam e disse: "Oh, ciao Sam. Oggi sto benissimo. Grazie per avermelo chiesto. E tu come stai?". Poi prese in braccio Sam e gli diede un vero e proprio abbraccio da orso.

Nei giorni successivi, Sam imparò anche a dire
"arrivederci". Era molto simile al "ciao".
Si alzò e guardò l'amico negli occhi, gli
strinse la mano e gli disse: "Grazie,
sono stato bene. Spero di rivederti
qualche volta. Arrivederci!".

Si esercitò a salutare molte, molte volte.
All'inizio soprattutto con mamma e papà. Poi
decise di provare con il suo gatto Tigre. Poi provò
a salutare il vicino di casa mentre erano fuori in
bicicletta a giocare.

Dopo si esercitò con il postino e con alcuni compagni di scuola. Ovunque andasse, i suoi saluti erano sempre accolti con sorrisi e cordialità, tranne che per Tigre, al quale non piaceva che gli si scuotesse la zampa.

Un giorno, Sam tornò al supermercato con mamma Orsa. E non ci
crederete: hanno incontrato di nuovo la signora Paddy! È stato proprio Sam a
notarla per primo nel corridoio, accanto ai banchi delle mele verdi. "Guarda,
mamma! C'è la tua amica, la signora Paddy", gridò, e corse verso di lei. Si
mise di fronte a lei, la guardò dritto negli occhi e le strinse la mano.
"Salve signora Paddy.
Che piacere rivederla!
Come sta oggi?".

Mamma Orsa dovette correre per raggiungere Sam, ma arrivò giusto in tempo per vedere la signora Paddy con un grande sorriso felice sul volto. "Beh, ciao Sam. Anche per me è un piacere vederti! Sto bene, grazie per averlo chiesto". Si rivolse a mamma Orsa e disse:
""Che orsetto meraviglioso hai qui! Simpatico ed educato!".
"Sì", disse mamma Orsa, "siamo molto orgogliosi di lui".

Da quel giorno, l'orsetto Sam cambiò idea sui saluti. Non gli facevano più paura e non si sentiva più timido. Anzi, per lui salutare le persone era diventato un gioco. E cercava sempre di essere il primo a salutare, invece di aspettare che fossero gli altri a venire da lui.